# Das kleine Buch der
# Jahreszeiten
## am Niederrhein

Mercator-Verlag

Hanns Dieter Hüsch

# Frühling

Also, ehrlich gesagt, als Kind hab ich eigentlich nicht viel vom Frühling gemerkt. Der war einfach da. Und dann hat mein Vater immer gesungen: Winterstrümpfe wichen dem Wonnemond, denn er war ja son Wagner-Anhänger. Wo der ging und stand, da lief der von Moers nach Duisburg inne Tonhalle und hörte sich Musik an. Aber hauptsächlich Wagner. Also der Fliegende Holländer und dann der Ritter mit dem Schwan im Kahn, aber ob das im Frühling bei meinem Vater am schlimmsten war, dar weiß ich nicht mehr.

Jedenfalls sonntags fuhren wir dann schon mal nach de Leyenburg oder wie dat Ding hieß, da gab es dann immer Sackhüpfen und Eierlaufen auf son Löffel, un Kaffee und Kuchen.

Und da war auch son Karussel, dat mußte man selbst anschieben un dann schnell draufspringen. Die meisten Kinder haben sich dann immer übergeben, obwohl wir fast alle einen Kieler Matrosenanzug anhatten, denn sonntags wurde man ja immer fein gemacht und kriegte auch mehrere saubere Taschentücher und ein Eis. Erdbeer, Schokolade und Vanille, wat anderes gab et ja damals noch nicht. Aber das war alles im Frühling. Es war ja dann abends auch länger hell und manchmal durften wir auch länger aufbleiben und dann lagen wir immer im Fenster und haben uns geheimnisvolle Wörter zugerufen. Und man konnte ja auch am Tag richtig sehen, wie alles wieder ganz grün wurde und in der Schule mußten wir dann immer einen Aufsatz schreiben: Was hat der Mensch alles dem Frühling zu verdanken? Oder so ähnlich. Und da hab ich immer völlig versagt. Ich mein, Frühling is Frühling, dat merkt doch jedes Kind. Wat soll ich da noch groß drüber schreiben. Und dann hat mein Vater immer gesagt: Dann schreibse eben, jetzt wird alles wieder zu neuem Leben erweckt, selbst am Niederrhein, wo die Erde wie eine flache Scheibe aussieht, wird die Erde wieder eine runde Kugel, und aus den schwarzweißen Kühen werden manchmal braun-weiße, und die

◄ Max Clarenbach, Kirschblüten

Der Frühling ist die schönste Zeit!

Was kann wohl schöner sein?

Da blüht und grünt es weit und breit

Im goldnen Sonnenschein.

Annette von Droste-Hülshoff (1797–1848)

## Hanns Dieter Hüsch, Frühling

Kopfweiden gehen plötzlich am Rhein spazieren, als wenn das gar nix wär, und die spitzen Kirchtürme die werden noch spitzer. Dat schreibse mal alles hin, mal gucken wat der Lehrer sagt. Am Niederrhein ist der Frühling zu Hause. Jedes Jahr kommt er um diese Zeit extra hier vorbei, um von vorne anzufangen.

Denn am Niederrhein fühlt sich der Frühling am wohlsten. Schreibse mal. Dat kann ich doch nicht schreiben, hab ich dann immer gesagt, doch dat kannze alles ruhig schreiben, hat mein Vater gesagt. Der Frühling kommt zuerst an der Niederrhein und dann erst geht er in die anderen Gegenden, warum weiß ich auch nicht, aber dat is so, hat mein Vater gesagt. Un wenn der Lehrer sagt, dat wär dummes Zeug, dann sachse mal, er sollt mal bei mir vorbeikommen, ich würd ihm dat schon erklären, denn Wissen und Wissen, hat mein Vater gesagt, dat ist ein gewaltiger Unterschied, besonders am Niederrhein. Und besonders im Frühling.

Tach zusammen.

# Wetterregeln für den Frühling

Wenn die Drossel schreit,
ist das Frühjahr nicht mehr weit

Im Frühjahr Spinnweben im Garten
gibt einen schwülen Sommer

Hasen, die springen, Lerchen, die singen,
werden sicher das Frühjahr bringen

Viel Nebel im Frühjahr,
viel Gewitter im Sommer

St. Benedikt den Garten schmückt
(23. März)

Fürchte nicht den Schnee im März,
darunter wohnt ein warmes Herz

Ein grüner März bringt selten etwas Gutes

Gewitter am St. Georgstag,
ein kühles Jahr bedeuten mag (23. April)

Friert es am Tag von St. Vital,
friert es wohl noch 15 Mal (28. April)

Regen auf Walpurgisnacht
hat stets ein gutes Jahr gebracht
(30. April)

Aus nassem Mai
kommt trockener Juni herbei

Der Florian, der Florian
noch einen Schneehut tragen kann
(4. Mai)

Ehe nicht Pankratius,
Servatius und Bonifatius vorbei,
ist nicht sicher vor Kälte der Mai
(12. – 14. Mai)

Im Mai ein warmer Regen,
bedeutet Früchtesegen

Ist's am Fortunatstag klar,
so verheißt's ein gutes Jahr (1. Juni)

Wenn kalt und nass der Juni war,
verdirbt er meist das ganze Jahr

Nordwind, der im Juni weht,
nicht im besten Rufe steht

Im Juni viel Donner,
bringt einen trüben Sommer

Bislich

Jeden Morgen in meinem Garten

Öffnen neue Blüten sich dem Tag.

Überall ein heimliches Erwarten,

Das nun länger nicht mehr zögern mag.

Matthias Claudius (1740–1815)

Jedes Kind weiß, was der Frühling spricht:

Lebe, wachse, blühe, hoffe, liebe,

Freue dich und treibe neue Triebe,

Gib dich hin und fürchte das Leben nicht!

Hermann Hesse (1877 – 1962)

◀ Kleve, Schwanenburg

M. Clarenbach.

Hanns Dieter Hüsch

# Sommer

Im Sommer lagen wir Kinder ja meistens von morgens bis abends inne Badeanstalt rum, und mein Vater hat dann immer gesagt, weiß ich noch ganz genau, also, Kinder, paßt schön auf, wenn ihr da so rumtollt, denn zehn Diakonissen töten schon ein Pferd, hat er immer gesagt, viel Spaß.

Aber paßt en bissken auf, da genügen vielleicht für den Menschen schon zwei bis drei Diakonissen, hat mein Vater immer gesagt, obwohl ich ja ehrlich sagen muß, ich weiß bis heute nicht den genauen Unterschied zwischen Bienen, Wespen, Hummeln und Diakonissen. Die einen stechen und sterben nicht, die anderen sterben und haben noch nie gestochen. Einige haben ein Taille, andere wieder nicht, also ich weiß es auch nicht genau, wie dat alles in der Natur zugeht. Aber die Natur ist im Sommer am Niederrhein wunderbar, und dat kommt genau daher, weil da nix los ist und doch alles los ist. Man muß nur richtig hingucken, sag ich immer.

Es gibt doch auch so Menschen, deren Schönheit sieht man erst, wenn man länger hinguckt, ne, dann sagt man plötzlich, Donnerwetter, das hätt ich nicht gedacht, und so ist das auch am Niederrhein.

Plötzlich spürt man die Feinheit der Landschaft oder sagen wir mal die Schlichtheit, denn da ist ja kein wildes Gebirge und kein tiefer dunkler Wald, und es wimmelt auch nicht von stürmischen Seen. Aber es liegt Romantik in der Luft. Das flache Land hat so was Verlorenes, als wenn da vor tausend Jahren ein Prinz verschollen gegangen wär, und wenn dann im Sommer die Sonne strahlt, dann merkt man, daß das alte Märchen noch nicht zu Ende ist, und in den kleinen Städtchen sehen dann die Straßen besonders propper aus, als würden sie auf die Rückkehr des Prinzen warten.

Manchmal scheint die Sonne katholisch, dann wieder evangelisch, und die großen, schweren Bauernhöfe liegen einfach da rum, als wären sie in das Land hineingewachsen. Ich muß sagen, ich bin ja manchmal sicher ein bißken

Da fliegt, als wir im Felde gehen,

Ein Sommerfaden über Land,

Ein leicht und licht Gespinst der Feen,

Und knüpft von mir zu ihr ein Band.

Ludwig Uhland (1787-1847)

befangen, weil es am Niederrhein einfach schön ist, obwohl also mit Erlebnis-Urlaub oder Abenteuer-Ferien is da nix. Aber wenn Sie Ihr Fahrrad mitbringen, da können Sie hier immer nur en bißken so von Wachtendonk nach Kranenburg hin und herstrampeln, und Sie glauben nicht, wie gut das Ihrem Gemüt tut.

Ich will ja nicht stronzen (jetzt weiß ich gar nicht, ob das mit „z" oder mit „tz" geschrieben wird, aber is auch egal), aber der Niederrhein ist was ganz Seltenes, also sowas kriegen Sie nicht alle Tage. Und im Sommer fahren ja viele nach Italien und Spanien und so weiter, aber die kommen alle eines Tages an den Niederrhein zurück.

Meinzeit, wat sind wir damals mit dem Fahrrad rumgerast, als müßten wir für die Tour de France üben, dabei fuhren wir nur von Moers am Averdunckschen Hof vorbei und an der Ecke von Biefang links herum nach Bettenkamp in die Badeanstalt. Da lagen wir ja dann den ganzen Tag im Wasser, also nicht den ganzen Tag, aber fast, und Leo Pöll, der Bademeister, hatte immer ein Auge auf uns, wenn wir blaue Lippen hatten.

Und abends rasten wir dann wieder nach Haus zurück. Wer an der Diergardtstraße / Ecke Uerdingerstraße erster war, der hatte gewonnen. Im Sommer, wenn wir große Ferien hatten, war für uns der Niederrhein der Nabel der Welt, und keiner wollte jemals weg davon, weg von zu Haus. Und heut? Heut sitzen wir überall verstreut inne Welt herum, und wenn wir uns schon mal sehen, dann sagen wir:
Überall ist Niederrhein!
Tach zusammen.

Du stehst von Sonnenfreude trunken

Im seligen Licht und atmest kaum,

Der Himmel scheint in deinen Kelch versunken,

Die Lüfte weh'n in deinem Flaum

Hermann Hesse
(1877–1962)

# Wetterregeln für den Sommer

Ist Siebenschläfer ein Regentag,
regnet es sieben Wochen nach (27. Juni)

St. Jakob nimmt hinweg die Not, bringt
erste Frucht und frisches Brot (2. Juli)

Was die Hundstage gießen,
muss die Traube büßen
(23. Juli bis 24. August)

Hundstage heiß,
Winter lange weiß

Fängt der August mit Donner an,
er's bis zum End' nicht lassen kann

Lorenzi gut,
einen schönen Herbst verheißen tut
(10. August)

Wenn an Joachim regnet,
folgt ein warmer Winter (16. August)

Wie der Bartholomäustag sich hält,
ist der ganze Herbst bestellt (24. August)

An Augustin
gehen die warmen Tage dahin
(28. August)

Macht der August uns heiß,
bringt der Winter uns viel Eis

Wenn im September Spinnen kriechen,
sie den kalten Winter riechen

September schön in ersten Tagen,
will den ganzen Herbst ansagen

Schönes Wetter hat auf Wochen
des Ägidius Sonnenschein dir versprochen
(1. September)

Lorenz im Sonnenschein,
wird der Herbst gesegnet sein
(5. September)

An Mariä Namen,
sagt der Sommer „Amen" (12. September)

Trocken wird das Frühjahr sein,
ist St. Lambert klar und rein
(18. September)

*E*in Blatt aus sommerlichen Tagen,

Ich nahm es so im Wandern mit,

Auf daß es einst mir möge sagen,

Wie laut die Nachtigall geschlagen,

Wie grün der Wald, den ich durchschritt.

Theodor Storm (1817-1888)

An einem Sommermorgen

Da nimm den Wanderstab,

Es fallen deine Sorgen

Wie Nebel von dir ab.

Theodor Fontane (1819 – 1898)

Goch, Alte Wassermühle ▶

*N*un laß den Sommer gehen,

Laß Sturm und Winde wehen.

Bleibt diese Rose mein,

Wie könnt' ich traurig sein.

Joseph Freiherr von Eichendorff (1788 – 1857)

◀ Mühle in Donsbrüggen

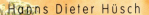
**Hanns Dieter Hüsch**

# Herbst

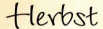

Also
Ich will mal so sagen
Et is ja eine beliebte Angewohnheit
Wenn ich so sagen darf
Ich bin ja kein Dichter ne
Daß man sich so seine Jahre
In verschiedene Zeiten einteilt
Dat sind dann
Die sogenannten Jahreszeiten
Wer am Anfang auf die Idee gekommen is
Weiß ich nich
Will ich auch gar nicht wissen
Dat hält mich nur auf
Sach ich immer zu mein Frau
Wahrscheinlich wie ich das kenne
Werden da wieder de alten Römer
Dran beteiligt gewesen sein
Die haben ja damals schon
ganz grade Straßen gebaut in Pompeji
Un de ganze verschüttete Kram überall
Is aber auch egal
Ich mein mit den Jahreszeiten
Da haben se all immer mit zu tun gehabt
Womma sagen
Die Dichter zum Beispiel
Oder die Musiker un auch die Maler
Ohne die ganzen Jahreszeiten

Wären die doch oft dumm dran gewesen
Is nich so ja sicher
Da wär manches schöne Frühlingsgedicht
Int Wasser gefallen
Oder die Musiker
Die haben sich doch manchmal regelrecht
An die Jahreszeiten geklammert
Frühlingsrauschen
Oder wie die Dinger all heißen
Oder Winterreise oder de Herbst
Dat ist doch die Melorichalie in Person
Oder wie heißt dat Melancholie
Da sind doch fast alle Dichter drüber
Hergefallen
Weil der Herbst
Ja auch ein Symbol ist
Kann man ja verstehen
Daß da die Künstler immer besonders
Aufgeregt werden
Durch son Vergänglichkeitssymbol
Wenn all die Blätter immer runterfallen
Schon seit Jahrtausenden
Un die sind ja dann rot un gelb un braun
Un läuten den Lebensabend ein
Die Blätter
So kann man vielleicht sagen
Obwohl dat ja nix heißen will

◄ Helmuth Liesegang, Herbstblumen am Gartentor

Herr: Es ist Zeit.

Der Sommer war sehr groß.

Leg deinen Schatten auf die Sonnenuhren

Und auf den Fluren laß die Winde los.

Rainer Maria Rilke (1875 – 1926)

Denn eigentlich machen die ja nur Platz
Für neue Blätter
Also vonne Botanik her
Da hab ich nun wirklich kein Ahnung von
Im Einzelnen
Aber von der Vergänglichkeit
Dat merk ich ja auch schon en bißken
Manchmal
Wennet so sechs Treppen hochgeht
Ohne Aufzug
Wenn ich dann oben bin is Winter ne
Aber Spaß muß sein
Un am Niederrhein
Da is ja de Herbst besonders schön
Weil da kommt ja die ganze Poesie
So richtig zum Vorschein
Da muß man sich nur Zeit nehmen
Un en bissken gucken
Also de Augen aufmachen
Zumachen kann man se immer noch
Da sorgt schon jemand anders für ne
Un im Herbst kommt
De liebe Gott ja viel an den Niederrhein
Erstens weil er ja auch vom Niederrhein is
Und zweitens
Weil ja hier noch en Schwester
Von ihm wohnt
Un der Schwager
Is ja schon seit langem bettlägerig

Rückgrat ne
Genau weiß ich dat auch nich
Aber jedenfalls de liegt
Un da kommt de liebe Gott im Herbst
Immer en bißken aushelfen
Ich hab den auch schon en paarmal gesehn
Wie de aussieht
Ne nix also
Dat darf ich nich verraten
Hat er extra gesagt:
Kein Wort
Dat bleibt unter uns
Un dann ist der Herbst riesig schön
So daß man sich
Manchmal beim Atmen verschluckt
Und in die Landschaft
In den Himmel beißen möchte
Wie in son Butterbrot
Wirklich wahr
Dat sind so Tage
Da möcht ich nur noch Herbst haben
Nur noch Herbst
Un nur noch
Niederrhein.
Tach zusammen.

Viel Eicheln im September,
viel Schnee im Dezember

Trifft Matthäus stürmisch ein,
wird's bis Ostern Winter sein
(21. September)

Ist Oktober warm und fein,
kommt ein kalter Winter drein

Nichts kann mehr vor Raupen schützen,
als Oktobereis in Pfützen

Im Oktober der Nebel viel,
bringt der Winter Flockenspiel

Auf St. Gallen-Tag
muss jeder Apfel in den Sack
(16. Oktober)

An St. Wolfgang Regen,
verspricht ein Jahr voll Segen
(31. Oktober)

Sitzt im November noch das Laub,
wird hart der Winter, das glaub'

Wenn der November regnet und frostet,
das leicht die Saat des Lebens kostet

Allerseelen alles klar,
macht auf Weihnacht alles starr
(1. November)

Bringt St. Martin Sonnenschein,
tritt ein kalter Winter ein
(11. November)

Wie das Wetter um Kathrein,
wird's den ganzen Winter sein
(25. November)

Nach Barbara geht's frosten an,
kommt's früher, ist's nicht wohlgetan
(1. Dezember)

Regnet's an St. Nikolaus,
wird der Winter streng und graus
(6. Dezember)

Herrscht im Advent recht strenge Kält',
sie volle achtzehn Wochen hält

Dezember launisch und lind,
der Winter ein Kind

Kloster Kamp

Dies ist ein Herbsttag, wie ich keinen sah!

Die Luft ist still, als atmete man kaum,

Und dennoch fallen raschelnd, fern und nah,

Die schönsten Früchte ab von jedem Baum.    Christian Friedrich Hebbel (1813–1863)

Der Nebel steigt, es fällt das Laub,

Schenk ein den Wein, den holden!

Wir wollen uns den grauen Tag

Vergolden, ja vergolden!

Theodor Storm (1817–1888)

$\mathcal{R}$ings ein Verstummen, ein Entfärben:

Wie sanft den Wald die Lüfte streicheln,

Sein welkes Laub ihm abzuschmeicheln.

Ich liebe dieses milde Sterben.

Nikolaus Lenau (1802 – 1850)

Hanns Dieter Hüsch

# Heiligabend am Niederrhein

Im Winter möchte ich immer mit meiner Mutter in einem wunderschönen großen Schlitten mit vier Pferden davor über das verschneite niederrheinische Land fahren, ganz fest und warm eingepackt in dicken, überlangen Mänteln mit einer Kapuze, und meine Mutter hat einen wunderbaren Muff mit Pelzbesatz und sieht wieder aus wie eine Zarentochter, und ich sitze ganz still neben ihr und gucke, ob am Himmel Sterne sind und ob man noch erkennen kann, daß am Himmel Plätzchen gebacken werden. Denn immer, wenn der Himmel sich zwischendrein leicht rosa färbt, werden dort Plätzchen gebacken, hat meine Mutter immer gesagt, die schon lange tot ist und mich sicher nicht wiedererkennen würde. Und darum möchte ich immer so gerne um diese Zeit mit meiner Mutter querfeldein in einem großartigen Schlitten den Niederrhein entlang fahren, auf den Heiligen Abend zu, auf die Verwandten zu, die Toten und die Lebenden, denn

um diese Zeit mischt sich bei mir alles, ich habe Sehnsucht nach meiner Kindheit und Marzipan und Apfelsinen, nach den Öfen meiner Jugend, sag' ich immer, nach den geheimnisvollen Geschichten, dann möchte ich stundenlang bis zum Nordpol über das flache Land fahren und sitze doch nur in der Küche und guck' zum Fenster raus.

Heiligabend am Niederrhein, das ist sicher wie überall, aber das geht schon ganz schön an die Nieren, weil noch mal der ganze Kram zusammenkommt. Die kleinsten Familien werden plötzlich riesengroß, und wer sich gestern noch wegen einer Kleinigkeit gekloppt hat, der ist am Heiligen Abend der versöhnlichste Mensch. Das ist sicher überall so, aber am Niederrhein sitzt das tiefer, weil das immer mit dem Ende der Welt zu tun hat. Ich meine das jetzt nur geographisch, denn am Niederrhein, da gibt es Stellen, wo man denkt, jetzt noch zehn Schritte und du fällst „vonne Erd". Ja sicher, besonders

◀ Max Clarenbach, Wintermorgen am Niederrhein

Am Himmel ahnet man Bewegung,

Ein Heer von wilden Vögeln wandern

Nach jenen Ländern, schönen, andern.

Es steigt und sinkt des Rohres Regung.

Georg Trakl (1887 – 1914)

um diese Zeit, wo Christus geboren wird. Sagen Sie mal, freuen Sie sich auch? Sie müssen hier nicht antworten, das muß jeder selbst wissen. Aber ich freue mich. Aber nicht von Anfang an, da hab' ich zuerst gar nichts begriffen, aber heute würde ich auch mit meiner Mutter und Christus zu dritt in einem schönen Schlitten den Niederrhein rauf und runter fahren, überall aussteigen, „Fürchtet euch nicht" sagen, wieder einsteigen und dann weiterfahren. Und ich würd' den kleinen Christus überall zeigen, und wenn er weinen tät', würd' ich ihn meiner Mutter geben. Die würde ihn dann schön schaukeln, und dann würde er einschlafen und nichts von der Welt hören und sehen, denn die ist ja nicht von seiner Welt.

Am Heiligen Abend glänzt der Niederrhein ganz besonders. Er ist noch flacher als sonst, und die Menschen sind noch stiller als sonst. Sogar Ditz Atrops, der sonst immer abends an der Theke von Hein Lindemann große Reden schwingt, ist dann ganz in sich gekehrt, trinkt schon mal ein Schnäpsken, hat sich auch fein gemacht, richtig mit Hemd und Schlips, und sagt auch schon mal, wenn er reinkommt: „Also dann, ne ..." Aber mehr nicht. Und dann setzt er sich schon mal neben den Baum, der bei Hein Lindemann rechts von der Theke steht, und singt sehr laut, aber völlig falsch: „Es ist ein Ros' entsprungen". Ganz laut, als wär er allein auf der Welt. Und das ist ja wohl auch so, daß viele allein sind, auch am Niederrhein. Besonders am Heiligen Abend. Ich meine, das geht wieder vorbei. Am ersten Feiertag hat sich das schon wieder gelegt, aber am Heiligen Abend steht viel auf dem Spiel, denn es gibt ja nichts zum Anfassen. Die Gegend ist heilig und nebelig, Wer das liebt, so wie ich, der ist natürlich fein raus. Besonders, wenn ich mit meiner Mutter und Christus in einem Schlitten sitz', und wir fahren und fahren und sagen überall mal rasch: „n' Abend zusammen! Frohe Weihnacht!" Und wir zeigen überall das Kind, obwohl ich nur in der Küche sitze, zum Fenster rausguck' und an früher denke. So gesehen, ist das am Niederrhein alles ganz anders.

Am Heiligen Abend denk' ich immer an früher. An Silvester denk' ich immer voraus, ob wir wohl beim nächsten Mal alle noch zusammen sind. Aber am Heiligen

Abend denk' ich an früher, ganz komisch. Es geht dabei immer um Menschen, nicht um Geschenke, sondern wie die Menschen das machten und was man selbst alles tat, wie man vor lauter Aufregung nicht schlafen konnte, wie alles immer näher kam und wie das Geheimnis der Liebe größer wurde als das Geheimnis des Todes und wie mein kleines Leben bereichert wurde durch die Arbeit der anderen.

Später erst, ja eigentlich erst heute, wenn ich mit meiner Mutter und Christus in einem wundersamen Schlitten meine Heimat, das ist meine Kindheit am Niederrhein, durchkreuze, steht dieser Niederrhein in mir nicht still. Die Toten werden lebendig, und alle Lebenden versammeln sich in meinem Kopf, in meinem Herzen am Heiligen Abend, wo immer ich bin, und alles, was ich bin, ist niederrheinisch. Das heißt: Ich weiß nichts, kann aber alles erklären, und meine Philosophie, das ist die genaue Unkenntnis von allen Dingen.

Ich sitze in der Küche und sehe durchs Fenster alle Christbäume der Welt. Ich muß mich nicht bewegen und fahre doch mit meiner Mutter und Christus in einem Schlitten über die Ebene, die kein Ende nimmt. Ab und zu sehen wir eine schwarzweiße Kuh, eine Windmühle, ein Wasserschloß und eine Kirchturmspitze, aber alles wird immer weniger, niedriger, unauffälliger. Nur der Stern wird größer und größer, heller und heller und schießt immer wieder durch meinen Kopf. Er war immer über mir, saß mir teils im Nacken, teils zwischen den Augen, von Anfang an, von Heiligabend bis Heiligabend bis Heiligabend, als wäre Heiligabend ein Dorf am Niederrhein, zwischen Wachtendonk und Keppeln, wo die Menschen sitzen, wenn sie sitzen, stehen, wenn sie stehen, liegen, wenn sie liegen, so schwer ist oft ihr Herz, und sie können es nicht ausschütten. Auch am Heiligen Abend stehen sie meist verlegen neben dem Baum und sagen: „Da wommer ma de Geschenke auspacken." Die Gemütsbewegungen am Niederrhein könnten tausend Lokomotiven in Gang setzen, wenn der Niederrheiner sie nicht dauernd versteckte. Aber in seinem Kopf und in seinem Bauch gehen am Heiligen Abend die Pferde durch, und er hört alles und er sieht alles: Wie die Züge am Heiligen Abend immer noch rudelweise durch die Nacht fahren, und es sind wenig Menschen zu sehen, aber eine Menge Schicksal, und Flugzeuge sind auch immer noch in der Luft, und nach Dover soll am Heiligen Abend kein Schiff gehen, das hat der Niederrheiner mal irgendwo gelesen und behält es bis an sein Lebensende, und auch die Politiker machen mal „en Päusken", und man kann wirklich durch alle Häuser sehen, und in Paris ist Notre-Dame völlig ausverkauft.

Und dann fällt dem Niederrheiner ein, daß sein Großvater ihm mal einen Matador-Holzbaukasten geschenkt hat und später einen Stabilbaukasten und eine Dampfmaschine mit Transmissionsriemen und daß einmal nicht gesungen wurde, weil da die Großmutter fehlte. Und es gab immer um diese Zeit Spekulatius, auf niederrheinisch Speckelaats, auf Schwarzbrot mit dick Butter. Wunderbar. Und mein kleines Herz war mir immer einen Traum voraus. Während im großen Himmel sich die besten Klavierspieler der Welt Tonarten und harmonische Ziffern zurufen und die besten Philosophen der Welt ihre Weisheit bereuen und sich entschuldigen, sehen die besten Engel der Welt mit unübersehbarer Geduld zu, wie ihre Nachkommen sich bemühen, Einsicht und Großmut zu üben.

Ich hab' immer um diese Zeit das Gefühl, daß alle meine Verwandten da oben im Himmel sitzen und zugucken, um zu sehen, „war der jung wohl macht". Ich bin jetzt 77 Jahre alt, aber für die da oben im Himmel bin ich immer noch „de kleine Jung", besonders an Weihnachten. Das ist am Niederrhein so.

Und je älter ich werde, desto mehr hab' ich diese kindliche Vorstellung, daß der Himmel eine ganz große Wohnung ist, mit vielen Zimmern und Tischen und Bänken und Stühlen und Fenstern und Gardinen, also wie bei uns zu Hause, und da sitzen sie alle und gucken und warten, bis es dann eines Tages unsereinen auch erwischt. Und mich beobachten sie am Heiligen Abend ganz besonders, ob ich zugenommen oder abgenommen habe, ob ich gut aussehe oder „kränkskes" bin.

In Neukirchen-Vluyn am Niederrhein, wo ich ja mal im dicksten Schneegestöber unsere Weihnachtsgans abgeholt habe und beinahe nicht mehr nach Haus gekommen wäre, da sagt man nicht „De Jung is krank", sondern „De Jung is kränkskes", der hat sich den Magen verdorben von den vielen „Plätzkes" und dem ganzen Marzipankram.

Heiligabend am Niederrhein: Da dreht sich alles um „de Jung un die Dern". Das ist woanders ganz bestimmt genauso, aber ich bin immer noch damit beschäftigt, erwachsen zu werden. Nur in letzter Zeit fällt es mir schwer, da schlägt die Erinnerung um sich, das flache Land wirft sich wie ein Leintuch über mich, und ich frage mich, warum machen wir das alles:

Warum übt man vierhändig die alten Weihnachtslieder?
Warum läßt man eine alte Puppe reparieren?
Warum guckt man durchs Schlüsselloch?
Warum werden im Himmel Plätzchen gebacken?
Damit die kleinen Kinder große Augen machen
Daß ihre Wünsche in Erfüllung gehn
Und wenn sie staunen und verlegen lachen
Dann möchte man am liebsten ganz im Dunklen stehn
Damit die kleinen Kinder große Augen machen

Damit ihr Herz von dieser Welt noch nichts erfährt
Denn wenn sie groß sind
Werden viele Sachen
Die sie erträumt, sehr schnell zerstört
Damit die kleinen Mündchen große Dinge sagen
Die Bäckchen sind vor Aufregung ganz heiß
Und wenn sie tausendmal dasselbe Fragen:
Woher das Christkind denn das alles weiß
Dann glaubt man wieder an ein Wunder
Und träumt sich selbst ein Stück zurück
Und freut sich wie die kleinen Kinder
Auf diesen großen Augenblick

Der Winter ist ein rechter Mann,

kernfest und auf die Dauer;

sein Fleisch fühlt sich wie Eisen an.

Er scheut nicht süß noch sauer.

Matthias Claudius (1740 – 1815)

## Wetterregeln für den Winter

Wenn's um Neujahr Regen gibt,
oft um Ostern Schnee noch stiebt

Neujahrsnacht still und klar,
deutet auf ein gutes Jahr

Im Januar viel Regen und wenig Schnee,
tut Saaten, Wiesen und Bäumen weh

Braut der Januar Nebel gar,
wird das Frühjahr nass fürwahr

Ist Dreikönig sonnig und still,
der Winter vor Ostern nicht weichen will
(6. Januar)

An Fabian und Sebastian
fängt Baum und Tag zu wachsen an
(20. Januar)

St. Paulus kalt mit Sonnenschein,
wird das Jahr wohl fruchtbar sein
(25. Januar)

Friert es hart auf Virgilius,
im März noch Kälte kommen muss
(31. Januar)

Februartau bringt Nachfrost im Mai

Mücken, die im Februar summen,
oft für lange Zeit verstummen

Im Februar Schnee und Eis
macht den Sommer heiß

Wenn der Nordwind im Februar nicht will,
will er sicher im April

St. Agatha, die Gottesbraut,
macht, dass Schnee und Eis gern taut
(31. Januar)

Eulalia im Sonnenschein,
bringt viel Äpfel und viel Wein
(12. Februar)

St. Roman hell und klar,
bedeutet stets ein gutes Jahr
(28. Februar)

Der März
soll wie ein Wolf kommen
und wie ein Lamm gehen

Wie die vierzig Märtyrer
das Wetter gestalten,
wird es noch 40 Tage
lang halten (10. März)

Der Schnee, der gestern noch in Flöckchen

Vom Himmel fiel,

Hängt nun geronnen heut als Glöckchen

Am zarten Stiel.

Friedrich Rückert (1788 – 1866)

*E*s treibt der Wind im Winterwalde

Die Flockenherde wie ein Hirt

Und manche Tanne ahnt, wie balde

Sie fromm und lichterheilig wird.

Rainer Maria Rilke (1875–1926)

Gewaltig endet so das Jahr,
   Mit goldnem Wein und Frucht der Gärten.
Rund schweigen Wälder wunderbar
Und sind des Einsamen Gefährten.

Da sagt der Landmann: Es ist gut.
Ihr Abendglocken lang und leise
Gebt noch zum Ende frohen Mut.
Ein Vogelzug grüßt auf der Reise.

Es ist der Liebe milde Zeit
Im Kahn den blauen Fluß hinunter.
Wie schön sich Bild an Bildchen reiht,
Das geht in Ruh und Schweigen unter.

Georg Trakl (1887 – 1914)

In gleicher Ausstattung erschien:

**Das kleine Buch vom Niederrhein**
mit Fotos von Georg Sauerland
und einem Beitrag
von Hanns Dieter Hüsch

Siemes / Philips
**Durch das Jahr**
Feste und
Bräuche
am Niederrhein
Das Buch gibt einen chronologischen Überblick über die Fest- und Brauchtumstage, wie sie am Niederrhein gefeiert wurden bzw. noch gefeiert werden, ergänzt durch Lieder mit Noten und alten Wetterregeln zum Jahreslauf (404 Seiten).

Vom gleichen Autorenteam stammt der neue Band **Kindheit am Niederrhein** mit dem Schwerpunkt auf kindliche Spiele, Reime und Verse.

**Fotos**: Uwe Schmid, Duisburg
Blumenmotive: CMA Centrale Marketing-Gesellschaft der deutschen Agrarwirtschaft GmbH, Bonn
Jahreszeiten-Gemälde: Max Clarenbach (1880 – 1952), Helmuth Liesegang (1868 – 1945) © Galerie Paffrath, Düsseldorf .

**Texte** von Hanns Dieter Hüsch
aus: »Tach zusammen – Geschichten und Bilder vom Niederrhein«,
Mercator-Verlag, Duisburg, 4. Auflage 1997

Die Deutsche Bibliothek – CIP-Einheitsaufnahme
Ein Titelsatz für diese Publikation ist bei der
Deutschen Bibliothek erhältlich.

Redaktion: Lothar Koopmann / Gestaltung: Horst Hackstein

© Copyright 2002 by
GERT WOHLFARTH GmbH
Verlag Fachtechnik + Mercator-Verlag, Duisburg
www.mercator-verlag.de

Druck: Druckhaus Cramer, Greven

ISBN 3-87463-336-5